INSTRUCTION PASTORALE

DE MONSEIGNEUR

L'ÉVÊQUE DE BAYEUX & LISIEUX

SUR L'ATHÉISME MODERNE

ET MANDEMENT

POUR LE SAINT TEMPS DU CARÊME DE L'ANNÉE 1883

BAYEUX

TYPOGRAPHIE OCTAVE PAYAN, IMPRIMEUR DE MONSEIGNEUR L'ÉVÊQUE

—

1883

INSTRUCTION PASTORALE

DE MONSEIGNEUR

L'ÉVÊQUE DE BAYEUX & LISIEUX

SUR L'ATHÉISME MODERNE

ET MANDEMENT

POUR LE SAINT TEMPS DU CARÊME DE L'ANNÉE 1883

FLAVIEN-ABEL-ANTOINE HUGONIN, par la Miséricorde divine et l'autorité du Saint-Siége Apostolique, Évêque de Bayeux et Lisieux,

Au Clergé et aux Fidèles de notre diocèse, Salut et Bénédiction en N. S. J.-C.

NOS TRÈS-CHERS FRÈRES,

Ce n'est pas sans une vive répugnance que nous venons, à l'approche du Carême, vous entretenir des humiliantes doctrines de l'athéisme. Nous le faisons pour accomplir un devoir de notre ministère. Ces humiliantes doctrines, nous devons vous les dénoncer,

parce que, sous des formes diverses, elles sont devenues un péril
social. Elles ont en effet franchi l'enceinte pacifique des écoles, et
leurs partisans prétendent les imposer à tous comme l'unique fonde-
ment de l'ordre social nouveau ; les Loges maçonniques françaises,
qui comptent parmi leurs adeptes un si grand nombre d'hommes
politiques et d'administrateurs influents, les glorifient ; la Ligue de
l'Enseignement, qui couvre la France de ses établissements, et qui
reçoit dans nos cités des encouragements presque officiels, a été
principalement fondée pour les propager, ou pour les appliquer ; une
Association sinistre, dont les membres s'engagent à mourir dans
l'athéisme, travaille à leur assurer un triomphe définitif sur les âmes
qu'elles ont conquises. Mille publications de tout genre, et accom-
modées à toutes les intelligences, les font pénétrer jusque dans nos
campagnes. Un orateur prononçait naguère, en pleine Sorbonne, les
graves paroles que nous empruntons à un journal qui ne peut être
suspecté de cléricalisme : « Nous devons considérer comme un pas
« capital l'émancipation théologique de nos chefs politiques. Il faut
« s'habituer aujourd'hui à regarder la croyance en Dieu comme in-
« compatible avec toute haute fonction politique : d'abord elle s'oppose
« à ce que l'homme d'Etat puisse rendre justice aux hommes ayant
« une manière de voir différente, ce qui expose à de redoutables er-
« reurs ; ensuite la préoccupation inévitable de la vie future et du salut
« éternel ne permet pas de se placer exclusivement au point de vue
« des affaires terrestres, qui pourtant sont assez difficiles et assez
« absorbantes pour réclamer toute l'attention de celui qui en a la
« charge (1). » L'athéisme n'a pas seulement des prédicateurs qui
l'enseignent et des adeptes qui le pratiquent, il a aussi des compli-
ces, qui, sans se déclarer athées, se donnent la tâche d'écarter les
obstacles et de préparer les voies à sa rapide diffusion. Vous n'avez
qu'à jeter les regards autour de vous pour constater leur nombre et
leur puissance. Enfin, on lui a fait naguère un triomphe dans une

(1) Le journal *Paris*, cité par le *Français*, n° du 11 janvier 1883.

manifestation à laquelle on a donné un caractère national, en sorte que les nations étrangères ont pu croire que la France était un peuple d'athées. Ce sont là des symptômes sinistres des progrès de la secte.

Nous laissons de côté les faits pour étudier la doctrine des maîtres et essayer de pénétrer les desseins qu'ils méditent.

I.

L'athéisme moderne se présente à nous sous deux formes différentes. Parmi ceux qui en font profession, les uns nient l'existence d'un Dieu personnel, Créateur et Providence, et ils affirment que l'âme n'est qu'une organisation spéciale de la matière, qui se dissout avec le corps; les autres se contentent de dire que l'existence de Dieu, la spiritualité et l'immortalité de l'âme ne peuvent être constatées par la science, et que, par conséquent, on n'en doit tenir aucun compte. C'est cet athéisme mitigé qui se répand aujourd'hui sous le nom de positivisme. Le positivisme heurte moins violemment les croyances religieuses de la multitude ; il mêle habilement les hypothèses les plus hasardées aux conclusions certaines de la science ; il s'efforce de s'identifier avec elle et de la revendiquer comme son patrimoine exclusif; il se dissimule sous les formes scientifiques, et c'est ainsi qu'il acquiert une grande puissance de séduction. Au fond, sous ces deux formes, c'est la même doctrine qui conduit aux mêmes conséquences.

Or, N. T.-C. F., nous ne pouvons nous le dissimuler, ces conséquences sont excessivement graves. Il s'agit, en effet, de répudier la sagesse des siècles passés, de donner des solutions nouvelles à des problèmes d'où dépend la destinée humaine, de fonder la morale sur des bases jusqu'alors inconnues, et d'engager les hommes dans une voie qui n'a pas été frayée jusqu'à ce jour. Cette éventualité préoccupe les esprits les plus distingués de notre époque.

« Jusqu'à présent, » dit un philosophe contemporain dans une étude critique du positivisme, « jusqu'à présent, il n'est guère douteux que « les deux bases de la vie morale, chez les peuples occidentaux, n'aient

« été l'existence d'un Dieu personnel qui la produit, et de l'immorta-
« lité de l'âme qui la perpétue. Il faut y ajouter la foi à l'absolu du
« devoir, à une loi indépendante des conventions humaines, des races
« et des climats. C'était là un fond de doctrine implicite dans les idées
« et les mœurs de notre civilisation, et comme fixé par les instincts
« des générations. L'accord sur ces différents points existe, malgré
« les dissidences de détail, entre Platon et saint Augustin, Leibnitz et
« Bossuet, Kant et le christianisme. Des philosophies fameuses,
« comme celles de Hobbes, de Spinoza ou de Voltaire, n'avaient pas
« réussi à extirper de la conscience humaine cet ensemble de croyan-
« ces. Mais ce que la dialectique des idées ou l'ironie n'avaient pu
« faire pour la grande majorité des hommes restés fidèles à ces doc-
« trines, ni pour la civilisation, constante à elle-même et à ses direc-
« tions générales, la critique moderne, au nom de la science positive,
« est en train de l'accomplir. On assure qu'elle aura bientôt, selon
« une expression célèbre du xviii* siècle, *purgé l'esprit humain de toute
« matière superstitieuse.* » Et le même écrivain ajoute : « Les uns sem-
« blent frappés d'une sorte d'épouvante quand ils mesurent par la
« pensée les vides qui vont se creuser dans les consciences humaines
« à la place des croyances disparues. Les autres, à la vue d'une hu-
« manité transfigurée, se jettent à corps perdu dans des espérances
« et des enthousiasmes sans limites ; ils n'aperçoivent plus d'obstacle
« dans cette voie triomphale qui s'ouvre devant l'homme se consa-
« crant dieu de ses propres mains, le dernier dieu, c'est-à-dire l'être
« le plus élevé qu'il lui soit donné de concevoir. D'autres enfin, bien
« que favorables théoriquement aux nouvelles doctrines, ne peuvent
« s'empêcher d'être soucieux devant les grands changements qu'ils
« prévoient : ils ont des visions attristées sur le lendemain de l'huma-
« nité qui va sonner à l'horloge des siècles (1). »

Un philosophe anglais, dont l'ouvrage sur cette matière a fait sensation en Angleterre et en France, expose d'une manière pittoresque

____

(1) Caro, *Revue des Deux-Mondes,* 1ᵉʳ août 1882.

les dispositions des esprits en présence de cette entreprise de l'a-
théisme moderne. « Le sentier que suivait la pensée a fait un coude,
« dit-il; il a tourné au versant d'une montagne, et, désorientés,
« nous nous sommes mis à regarder une perspective que nous n'a-
« vions pas encore vue. Les *leaders* du progrès ont salué de leurs
« acclamations ce point de vue nouveau, et nous ont déclaré avec
« assurance que nous avions en face de nous la terre promise ;
« d'autres, plus réfléchis, moins prompts à tout accepter d'instinct,
« s'aperçoivent que le brouillard enveloppe toute la scène, et pensent
« que nous n'avons aucune raison d'assurer si c'est ou non la terre
« promise. Ils voient de graves motifs pour examiner de plus près et
« se demandent si le brouillard, en se levant, au lieu de nous pré-
« senter un splendide coup d'œil, ne nous découvrira pas une scène
« de désolation (1). »

Nous n'avons pas craint, N. T.-C. F., d'insister sur ces témoi-
gnages pour qu'on ne nous accuse pas de répandre sans motif l'alarme
dans les esprits, et aussi pour que les hommes sérieux chassent enfin
les illusions qui leur dérobent le péril du mouvement anti-religieux qui
nous emporte. Non, ce n'est pas un progrès, c'est une véritable révolution dans les conditions essentielles de la vie morale qu'on nous
annonce, c'est la contre-révolution de la révolution pacifiquement
opérée dans le monde par les Prédicateurs de l'Évangile, mais plus
profonde et plus radicale.

II.

Deux moyens principaux doivent produire cette transformation de
l'humanité, que les positivistes attendent dans un prochain avenir :
substituer la science à la Religion, et transporter en quelque sorte la
morale et la Société, de leurs antiques bases religieuses, sur des bases
nouvelles et purement scientifiques.

(1) *Vivre: la vie en vaut-elle la peine ?* par William Mallock, traduction de M. Sal-
mon, page 38.

Le premier moyen employé par les positivistes pour atteindre le but qu'ils se proposent, est donc de substituer à l'enseignement religieux l'enseignement scientifique positiviste. Ces deux enseignements ne doivent plus se prêter un mutuel appui pour former l'homme moral et le citoyen distingué. Le second est appelé à prendre la place du premier. Sans doute, cette substitution ne sera pas subite et violente ; on n'imposera pas l'enseignement athée, on se contentera de lui laisser entr'ouverte la porte de l'école ; mais on proscrira le catéchisme ; on s'appliquera à faire le silence autour de Dieu et on fera disparaître les emblèmes qui pourraient en rappeler le souvenir, en même temps on donnera une large part à l'enseignement scientifique. « *Quand la toute-puissance des lois de la nature,* » lisons-nous dans un *Manuel scientifique* destiné à nos écoles primaires, « *quand la régu-* « *larité et l'harmonie des phénomènes, la continuité évolutive des faits* auront « pénétré dans l'intelligence, la Religion s'évanouira sans polémique. « Plus de *sorcelleries,* plus de *superstitions niaises* (1). » La croyance en un Dieu personnel et créateur sera dissipée par les lumières de la science. La « continuité évolutive » des faits remplacera le dogme de la création, et « la toute-puissance de la nature, » le dogme de la Providence. Plus d'adoration, plus de prière, plus de culte, en un mot plus de religion. Alors les églises abandonnées se fermeront d'elles-mêmes, le clergé disparaîtra sans violence, et le cléricalisme, qui est l'ennemi, sera vaincu. L'humanité affranchie sera entrée dans une voie nouvelle.

Mais si la science doit remplacer la Religion désormais supprimée, cette science devient indispensable à l'homme. C'est un devoir rigoureux pour lui de l'acquérir, non par voie d'autorité, ce qui serait contraire à la méthode positiviste, mais par l'exercice de sa propre intelligence. Tout homme qui n'est pas savant est un être avorté, car il ne sait d'où il vient, ni où il va, ni quelle direction il doit donner à sa vie. Cette nécessité s'impose à tous sans exception, aux hommes, aux femmes, aux enfants, aux commerçants, aux industriels, aux agri-

(1) *Manuel scientifique* de Paul Bert, p. 3.

culteurs, aux ouvriers. Il faut que le monde devienne un immense laboratoire où chacun s'efforcera de découvrir la « puissance des lois « de la nature, l'harmonie des phénomènes et la continuité évolutive « des faits. »

Jusqu'à ce jour, N. T.-C. F., une mère, qui n'avait étudié ni la physique, ni la chimie, qui ignorait même les noms savants de physiologie, de biologie et de sociologie, s'estimait capable de commencer l'éducation de son enfant. Dès que l'intelligence de cet enfant s'ouvrait aux premières lueurs de la raison, elle lui apprenait à prononcer avec respect le nom de Dieu ; elle lui enseignait que ce Dieu est tout-puissant, parce qu'il a tout créé, qu'il est souverainement bon, parce que c'est lui qui donne au lys des champs son éclat, au petit oiseau sa pâture, et à l'homme le pain de chaque jour. Au nom de ce Dieu puissant et bon, elle lui inculquait ses premiers devoirs, le respect et l'amour filial, l'obéissance à son père et à sa mère, la bienveillance pour tous ; elle lui inspirait l'horreur du vice, du mensonge, de la gourmandise, de la colère et de la paresse. Elle corrigeait ses défauts, elle réglait ses caprices, elle formait et développait sa conscience morale. L'autorité de la mère, émanation de l'autorité de Dieu, s'imposait doucement à l'enfant. Les enseignements maternels pénétraient son jeune cœur, s'emparaient de son âme et soumettaient à la loi sa volonté mobile, impatiente et souvent rebelle.

Cette méthode si simple, si naturelle, si efficace, doit être condamnée par la nouvelle école comme entachée de la vieille superstition des anciens âges. Il faudra supprimer le nom et l'autorité de Dieu et se hâter d'initier l'enfant aux sciences positives, lui faire peu à peu découvrir la « puissance des lois de la nature et la continuité évolutive « des faits. » Combien de mères seront capables d'appliquer cette méthode ? Serait-ce par cette incapacité qu'on prétendrait justifier ces axiomes qui ont si souvent retenti à nos oreilles, à savoir que l'enfant appartient à l'État avant d'appartenir à son père et à sa mère, que le droit et l'autorité du père et de la mère expirent au-delà du foyer domestique ?

De plus, si la science positive est nécessaire à tous, elle doit être accessible à tous. Dans une société même démocratique, il y a des inégalités inévitables. Le général commande, le soldat obéit ; le législateur édicte des lois, le citoyen doit s'y soumettre ; le magistrat prononce des jugements, ils doivent être exécutés. Mais en présence de l'obligation naturelle de travailler à sa perfection morale et d'accomplir ses destinées, tous les hommes sont égaux. Ce n'est donc pas assez d'élever des écoles dans nos moindres villages, il faut y créer des laboratoires ; ce n'est pas assez d'y envoyer nos enfants de six à treize ans, il faut les y retenir jusqu'à ce qu'ils soient assez maîtres de la science positive pour qu'ils puissent la faire servir de base à la morale et en déduire les principes qui doivent servir de direction à leur vie. Autrement, ils agiront sans règles, leur vie s'écoulera au hasard et vous arriverez à diviser les hommes en deux groupes essentiellement différents. L'un comprendra les savants positivistes, c'est-à-dire les hommes parvenus à la dignité morale, connaissant le but de la vie et y dirigeant leur activité ; l'autre comprendra les hommes qui n'auront pu acquérir la science, qui demeureront par suite ignorants de leurs destinées, abandonnés à leurs instincts et ayant besoin d'une direction étrangère, c'est-à-dire d'un maître ; vous aurez rétabli, sous prétexte d'émancipation, l'ancienne distinction païenne entre l'homme libre et l'esclave, l'un né pour commander et l'autre pour servir.

Nous ne prétendons pas que ces conséquences soient avouées par les positivistes, mais nous affirmons qu'elles sont contenues dans ce principe fondamental de leur école, qu'il faut substituer la science à la Religion.

III.

Nous supposons maintenant, N. T.-C. F., que les positivistes aient réussi dans leur première entreprise. La Religion n'existe plus. Les vieilles superstitions, dont l'humanité entière s'est rendue coupable, à différents degrés, pendant les siècles écoulés, se sont évanouies devant les clartés de la science positive. Tous les hommes sont devenus savants et connaissent « la toute puissance des lois, l'harmonie des « phénomènes et la continuité évolutive des faits » ; il s'agit d'examiner si ces connaissances suppléeront aux enseignements de la Religion et si elles donneront à la morale la base qu'elle n'a plus. Car, nous le reconnaissons volontiers, N. T.-C. F., on ne veut pas sa destruction, on prétend conserver à la vie humaine sa dignité et sa valeur, et à l'homme toutes ses nobles jouissances. On veut seulement la déduire non des principes religieux, mais des réalités scientifiques.

La science morale se ramène à ces deux questions : quelle est la fin de l'homme, c'est-à-dire quel est le bien vers lequel l'homme doit tendre et dont la possession peut le rendre parfait et heureux ; et en second lieu, quelles sont les lois dont l'observation peut le conduire à cette fin.

L'enseignement religieux nous fait connaître la réponse à cette première question : quelle est ma fin ? — Qui vous a créé et mis au monde ? dit le catéchisme catholique ; et il répond : c'est Dieu. — Pourquoi Dieu vous a-t-il créé et mis au monde ? et il répond : pour le connaître, l'aimer, le servir et par ce moyen obtenir la vie éternelle. — Simple et sublime réponse, qui parle à l'intelligence et au cœur, et que n'égaleront jamais les vaines imaginations, ni les hypothèses arbitraires du positivisme. Oui, nous croyons que le monde n'est pas le résultat aveugle du jeu fatal de forces éternelles. Nous croyons qu'il est l'œuvre d'une cause intelligente et libre, qu'il nous révèle, quand nous l'étudions scientifiquement, les pensées de son auteur, une conception, un idéal qui est l'objet propre de la science, parce que c'est par lui que nous saisissons l'ordre, l'harmonie et la beauté de la création. C'est la communication de cette pensée éternelle par les faits multiples et changeants qui fait jaillir de notre âme l'admiration, la louange, l'action de grâce, l'amour, qui nous inspire la prière, en un mot qui éveille en nous les sentiments religieux, la meilleure et la plus noble portion de notre vie. Nous savons que l'homme occupe une place d'honneur dans la création, que si Dieu lui communique sa pensée, c'est pour l'associer à son œuvre, c'est pour lui faire part de son autorité et de sa puissance, pour l'investir d'une sorte de royauté et de domination sur toutes les créatures. Nous savons que ce Dieu n'abandonne pas l'homme au hasard, qu'il l'environne de sa sollicitude paternelle et qu'il le gouverne avec amour. Enfin, nous savons qu'après avoir été associés à ses œuvres dans le temps, nous serons associés à sa vie, à sa béatitude et à sa gloire dans l'éternité.

Voilà une doctrine qui surpasse toutes les conceptions du génie et qui porte avec soi le sceau de la divinité ; une doctrine qui répond à toutes les aspirations de notre âme ; une doctrine qui ennoblit la vie de l'homme en donnant à toutes ses actions une fin éternelle ; une doctrine qui nous soutient dans toutes nos défaillances, qui console nos tristesses, et qui nous excite à la vertu par les plus magnifiques espérances.

Mettons en regard l'enseignement des positivistes : pas de Dieu personnel, pas de cause intelligente et libre qui a créé le monde, présidé à son organisation, et qui le gouverne ; une matière éternelle, agitée par une force éternelle ; des lois qu'on nous dit toutes-puissantes, mais dont la nature est absolument inintelligible ; tous les êtres et tous les phénomènes physiques et moraux, individuels ou sociaux produits sous l'action de ces lois ; « la vie humaine ne différant pas par « ses conditions et ses lois fondamentales de la vie universelle, qu'elle « représente seulement avec un degré supérieur d'intelligence, qui per- « met à l'homme de mieux se rendre compte de ces conditions et de « ces lois. Il n'y a nulle part interruption brusque dans la série de « phénomènes, lesquels se ramènent tous également à des métamor- « phoses incessantes de la force et de la matière, apparaissant soit « comme individus sous les formes d'un monde ou d'un astre, d'un « corps ou d'une cellule, soit comme phénomènes, sous les formes « du mouvement ou de la sensation, de l'instinct ou de la pensée, « irréductibles jusqu'à présent les uns aux autres, mais de plus en plus « serrés par l'analyse et destinés à révéler un jour ou l'autre, leur « identité, sous la variété purement apparente des circonstances et

« des conditions qu'elles rencontrent dans le mélange infini des
« choses (1). »

Voilà donc, N. T.-C. F., la nature de l'homme: nulle différence
spécifique qui le distingue des mondes qui roulent dans l'espace, des
plantes ou des animaux, mais seulement un degré de perfection qui
l'élève au-dessus des autres êtres de la création. Son âme n'est plus
l'image de Dieu, ni sa pensée un souffle divin; les conceptions les plus
sublimes de son esprit, les plus nobles et les plus généreux sentiments de son cœur ne sont que des combinaisons plus parfaites de la
même matière et de la même force qui fait germer les plantes, croître
les animaux et mouvoir nos machines. Voilà son origine; il n'est pas
le chef-d'œuvre d'une sagesse infinie, il est le produit fortuit de la
matière et de la force aveugle qui se jouent dans l'espace.

Et maintenant quelle est sa fin? les positivistes qui prétendent substituer la science à la Religion, devraient donner à cette question capi-
tale une réponse claire et précise, accessible à tous. Jugez vous-mêmes,
N. T.-C. F., s'ils donnent satisfaction à notre légitime attente. La
félicité qu'ils promettent, c'est *la clarté de l'esprit, la sérénité de l'âme
et la chaleur du cœur;* c'est *une carrière infinie ouverte à nos instincts
sympathiques, non pas dans un monde surnaturel, mais sur notre terre,
dans la continuité de la vie humaine, dans l'héritage permanent des générations* (2); c'est *l'union au chœur invisible de ces morts immortels, en des vies
que leur présence rend meilleures, et dont on peut dire que vivre c'est le
ciel;* c'est *l'harmonie qui ne meurt pas;* c'est *un ordre merveilleux et toujours grandissant, c'est une douce parole pour laquelle nous avons combattu,
gémi et agonisé, les yeux perdus vers le vaste passé qui n'enfanta que le
désespoir;* c'est *le ciel très-pur* (3), — langage mystique, métaphores
vides et sonores qui couvrent un panthéisme vaporeux. Voici la doctrine qui s'en dégage: l'homme est mortel, l'humanité est immortelle;
la félicité de l'homme importe peu, pourvu qu'il travaille au progrès

(1) Caro, *Revue des Deux-Mondes,* 1er août 1882.
(2) Caro, *ibid.*
(3) Mallock, ch. III.

universel, à la félicité de l'humanité; tous ses devoirs se résument à se sacrifier à cette idole dans laquelle il s'identifie par un procédé dont les positivistes ont le secret. Vous êtes, comme ils disent, dans un monde de violence, de guerre, de domination privilégiée, de richesses égoïstes ; la philosophie positiviste vous inspire l'énergique désir d'en sortir (1) ; gardez-vous d'en conclure que vous n'êtes pas heureux ; vous travaillez au progrès de l'humanité dont vous jouirez par procuration dans vos arrière-neveux. « Les cieux *très-purs* », dit l'auteur anglais que nous avons cité, « les cieux que les hommes d'une gé-
« nération doivent avoir en vue, sont un accroissement de joie qu'ils
« auront assuré, par leur bonne conduite, à la génération à venir.
« Ainsi le présent, pour le positiviste, est la vie future du passé. La
« terre est un ciel qui se réalise... En ce moment, un ciel de ce genre
« existe autour de nous; notre joie actuelle, dont nous ne nous aper-
« cevons guère, eut été le ciel pour nos grands-pères, si elle avait
« commencé un siècle plus tard (2). »

Au commencement de ce siècle, un philosophe, qui ne fut pas sans célébrité ni sans valeur, enseignait que la fin de l'homme était l'illusion, que sa destinée était de poursuivre des fantômes de félicité, sans jamais les atteindre. Cette doctrine était claire et franche, elle n'était pas plus désespérante que celle des positivistes.

Mais alors, nous direz-vous, N. T.-C. F., elle répugne à notre nature et par conséquent elle ne peut être dangereuse. Pourquoi donc s'en préoccuper, pourquoi la combattre? Il faut bien qu'elle ne soit pas aussi impuissante qu'elle le paraît, puisqu'elle compte un si grand nombre d'adeptes. Ces doctrines flattent l'orgueil, l'esprit d'indépendance, je ne sais quelle impatience de tout joug, de toute loi ; elles sont en effet incapables d'édifier, mais elles sont puissantes à détruire, et si les ruines qu'elles accumulent sont le seul effet qu'elles puissent produire, cet effet est désastreux. Ce sont des philosophes positivistes qui conduisent aujourd'hui la guerre contre l'Église, parce

(1) Caro, *Revue des Deux-Mondes,* 1ᵉʳ août 1882.
(2) Mallock , ch. IV.

que l'Église est leur plus redoutable adversaire. Or, cette guerre, avec un mélange calculé de modération et de violence, est la plus implacable et la plus radicale qui ait jamais été déclarée à la Religion. Les hérésies ont successivement attaqué tous les dogmes catholiques, mais elles en respectaient un grand nombre ; le paganisme voulait la destruction complète du christianisme, mais il laissait subsister une certaine croyance en la divinité ; le positivisme étouffe tout sentiment religieux dans les âmes.

Pour nous, N. T.-C. F., nous avons d'autres espérances, d'autres destinées, une autre estime de notre dignité. Conservons la foi qui nous la fait connaître, élevons nos âmes vers la fin sublime pour laquelle nous avons été créés. Quand la doctrine des positivistes serait aussi vraie qu'elle est fausse, elle ne serait jamais que la doctrine d'une classe privilégiée, et demeurerait inaccessible au peuple qu'elle reléguerait dans une condition absolument inférieure ; elle n'apporterait aucun soulagement à ses peines, aucune consolation à ses tristesses. La doctrine catholique, malgré sa supériorité, est à la portée de tous ; la félicité qu'elle promet n'est pas le privilége d'une société de savants, tous peuvent et doivent y prétendre, le pauvre comme le riche, l'ignorant comme le savant.

Profitons de la sainte Quarantaine, N. T.-C. F., pour ranimer en nous notre croyance aux grandes vérités qu'elle nous propose, et qui nous seront rappelées pendant les pieux exercices du Carême : la souveraineté de Dieu sur nous, sa providence, sa justice, sa bonté, la félicité qu'il nous propose, l'obligation pour nous de diriger vers elle toutes nos aspirations, toutes nos intentions et toutes nos actions.

A ces causes,

Et après en avoir conféré avec nos Vénérables Frères, les Doyen, Chanoines et Chapitre de notre Insigne Église Cathédrale,

Nous avons ordonné et ordonnons ce qui suit :

Article Ier.

En vertu d'une autorisation spéciale du Saint-Siége, nous permettons l'usage des aliments gras les dimanche, lundi, mardi et jeudi de chaque semaine, jusqu'au jeudi de la Passion inclusivement. Les personnes astreintes au jeûne, ou qui n'en seraient pas légitimement dispensées, ne pourront faire usage de cette permission qu'une fois par jour, excepté le dimanche.

L'usage de la viande et du poisson dans un même repas est interdit par le bref apostolique, même le dimanche.

Article II.

Nous permettons l'usage des œufs, excepté le Mercredi des Cendres et les deux derniers jours de la Semaine sainte.

Article III.

Nous autorisons, à la collation, l'usage de tous les aliments maigres, excepté les œufs et le poisson. Nous étendons ces adoucissements aux autres jeûnes de l'année.

Article IV.

Messieurs les Curés, les Supérieurs des séminaires et des maisons religieuses, les Chapelains des communautés, les Aumôniers des hôpitaux et des prisons, et enfin les Confesseurs pour leurs pénitents, sont autorisés à accorder des permissions plus étendues aux personnes infirmes, et à ceux de leurs paroissiens ou pénitents qu'ils jugeraient en avoir besoin.

Article V.

Aux termes du bref précité, Notre Saint-Père le Pape prescrit à tous les fidèles qui profiteront des permissions portées aux articles précédents, de faire, à titre d'aumône, une offrande proportionnée à leurs facultés en faveur de nos établissements diocésains. Nous recommandons à MM. les Curés d'avertir les fidèles que cette offrande est de stricte obligation, comme une juste et légère compensation de l'atteinte portée aux lois de l'Église. Le produit intégral de ces aumônes sera adressé au Doyen du canton, pour être transmis au Secrétaire général de l'Évêché, chargé d'en tenir note.

Article VI.

Indépendamment de l'aumône prescrite par l'article V, il sera fait, le jour de Pâques, à la messe et aux vêpres, une quête pour les besoins de nos petits Séminaires. Cette quête pourra avoir lieu à domicile dans les paroisses où MM. les Curés jugeront ce mode plus efficace et plus convenable. Le produit intégral de ces collectes sera adressé au Secrétariat de l'Évêché par l'intermédiaire de MM. les Doyens.

Article VII.

En renouvelant nos sincères remerciements aux dames charitables qui composent la pieuse association formée pour l'Œuvre des petits Séminaires, nous les exhortons à solliciter, avec un nouveau zèle, les offrandes des fidèles, d'où dépend la perpétuité du Sacerdoce.

Article VIII.

Nous accordons à tous les fidèles la permission de s'adresser, pour la confession annuelle, à tous les prêtres approuvés dans le Diocèse ; mais la communion pascale devra toujours se faire dans l'église paroissiale, à moins qu'on n'en soit légitimement dispensé.

Article IX.

Nous exhortons MM. les Curés à faire publiquement, et autant que le permettront les circonstances de temps et la nature des lieux, la prière du soir pendant le Carême, et nous les autorisons à donner, à la suite de ces pieux exercices, la bénédiction du Saint-Sacrement avec le saint Ciboire, tous les dimanches et chacun des jours de la semaine où il aura été fait une instruction.

Article X.

En vertu d'un Indult apostolique du 26 novembre 1879, nous permettons, pour cette année, aux fidèles de ce Diocèse d'user d'aliments gras le samedi (1).

Article XI.

En vertu d'un autre Indult du 1er février 1882, nous leur accordons, pour cette année, la même autorisation pour les trois jours des Rogations, et le jour de Saint-Marc (25 avril).

Ces Indults nous prescrivent d'exhorter les fidèles qui useront de ces priviléges, à suppléer, par des œuvres pieuses et par des aumônes, à l'observation de l'abstinence dont ils sont dispensés.

Article XII.

Nous nous proposons, avec l'aide de Dieu, de continuer, après Pâques, la visite du Diocèse, en parcourant successivement les divers cantons des arrondissements de Bayeux et de Lisieux.

MM. les Curés des paroisses où auront lieu les stations de Confirmation, seront ultérieurement prévenus de l'époque de la visite.

Et sera notre présent Mandement lu et publié au prône, dans toutes les églises et chapelles publiques de notre Diocèse, le Dimanche de la Quinquagésime.

Donné à La Délivrande, sous notre seing, le sceau de nos armes et le contre-seing du Secrétaire général de notre Évêché, le 14 janvier 1883.

† **Flavien**,

Évêque de Bayeux et Lisieux.

Par Mandement de Monseigneur :

J. HUGONIN,

Ch., Secrétaire général.

(1) Pour ce qui concerne cet article, rien n'est changé à l'ordonnance de Mgr DIDIOT, en date du 16 septembre 1863, qui réserve à l'autorité diocésaine la faculté de dispenser les Ecclésiastiques et les Membres des communautés religieuses de l'abstinence du samedi. — La même réserve n'existe pas pour l'article XIme.

NOTES.

1° Cette année, comme les années précédentes, une Conférence sera faite pour les hommes tous les mercredis soir, dans l'église de Notre-Dame de Caen. Nous recommandons instamment cette œuvre au zèle et aux prières des fidèles.

2° Messieurs les Doyens sont priés de recueillir, dans les Conférences, les questions que les Prêtres de leurs cantons jugeraient pouvoir être utilement traitées au prochain Synode. Ces questions devront être envoyées à part, au Secrétariat de notre Evêché, dans le courant de la présente année.

3° Nous joignons à notre Mandement les changements apportés à l'*Ordo* de 1883 par la publication récente des offices des Saints dont il a été fait mention dans la Constitution apostolique du 28 juillet 1882. — MM. les Ecclésiastiques trouveront un résumé de cette Constitution en tête des avertissements de l'*Ordo*.

4° Une brochure contenant les offices nouveaux récemment promulgués par décrets apostoliques est en ce moment à l'impression. MM. les Ecclésiastiques pourront se la procurer chez les libraires à partir du 10 février.

Comme on le verra dans la feuille des modifications de l'*Ordo*, le premier office tombe le mardi 13 février, aux Vêpres.

5° MM. les Ecclésiastiques pourront se procurer en même temps chez les libraires la brochure concernant le Synode de 1881. Cette brochure contient notre ordonnance épiscopale qui promulgue, pour le Diocèse, l'adoption du Rituel romain et fixe la date à laquelle il deviendra obligatoire ; elle renferme en outre nos discours en Synode sur le *Rituel* et sur les *Devoirs du Clergé à l'époque actuelle.*

6° MM. les Ecclésiastiques pourront, à partir du *jeudi 15 février*, retirer au lieu du dépôt par eux indiqué, les Rituels dont ils ont fait la commande.

Bayeux. — Typographie Octave PAYAN, imprimeur de Mgr l'Évêque.